__ / __ / __

__ / __ / __

___/___/___

___ / ___ / ___

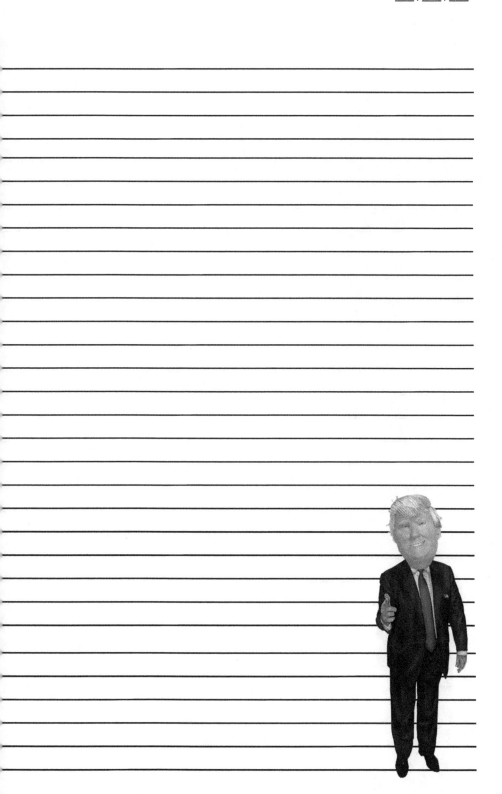

__ / __ / __

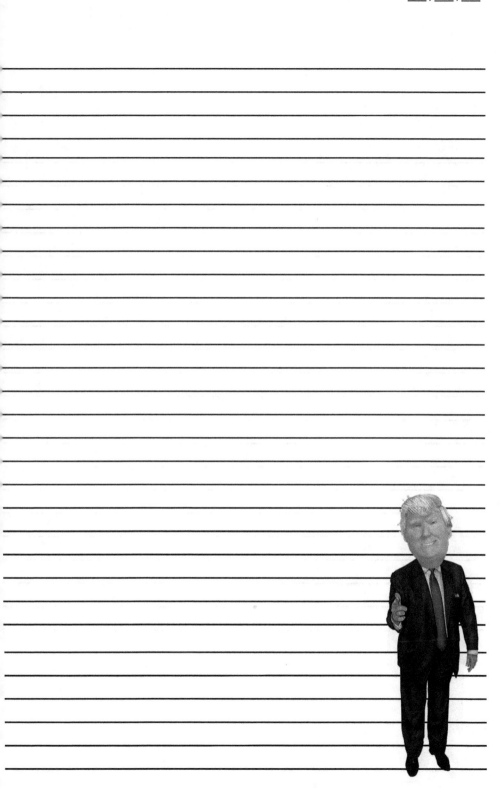

___ / ___ / ___

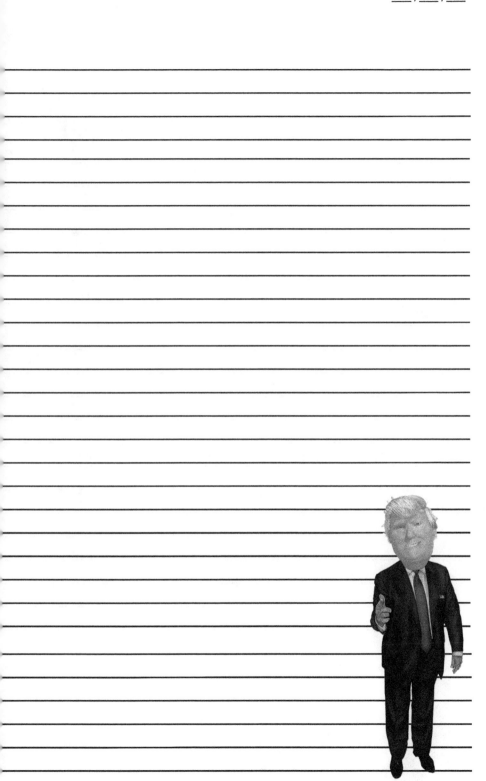

___ / ___ / ___

___/___/___

___ / ___ / ___

__ / __ / __

___/___/___

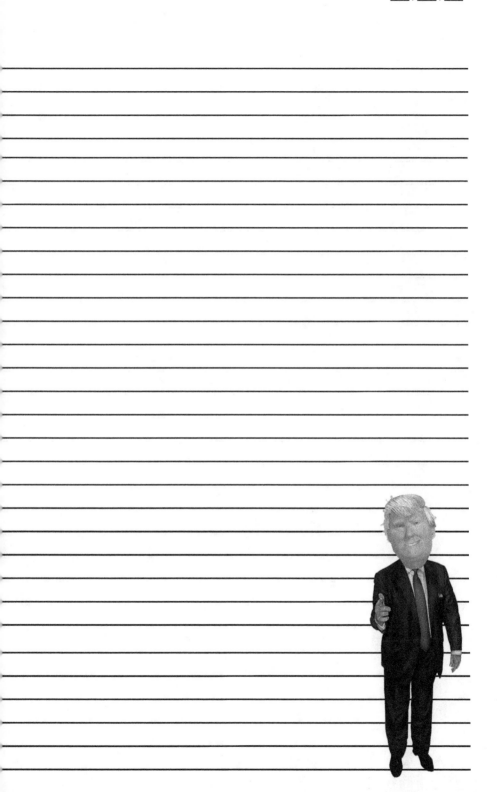

__ / __ / __

___ / ___ / ___

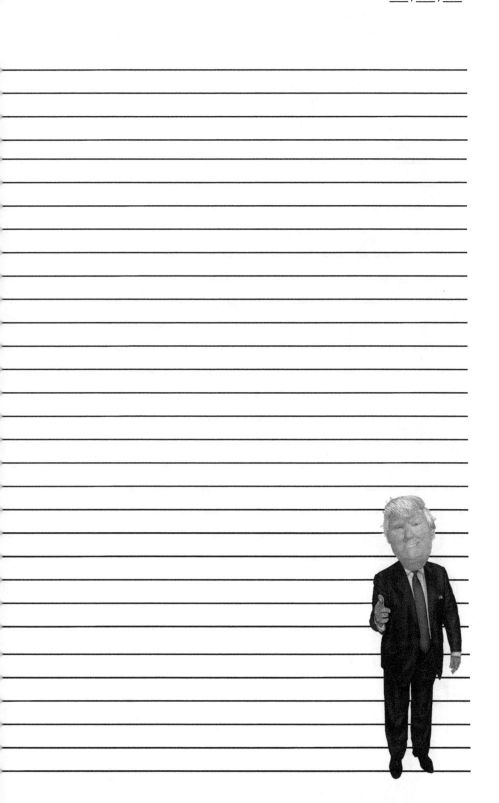

___ / ___ / ___

__ / __ / __

___ / ___ / ___

___/___/___

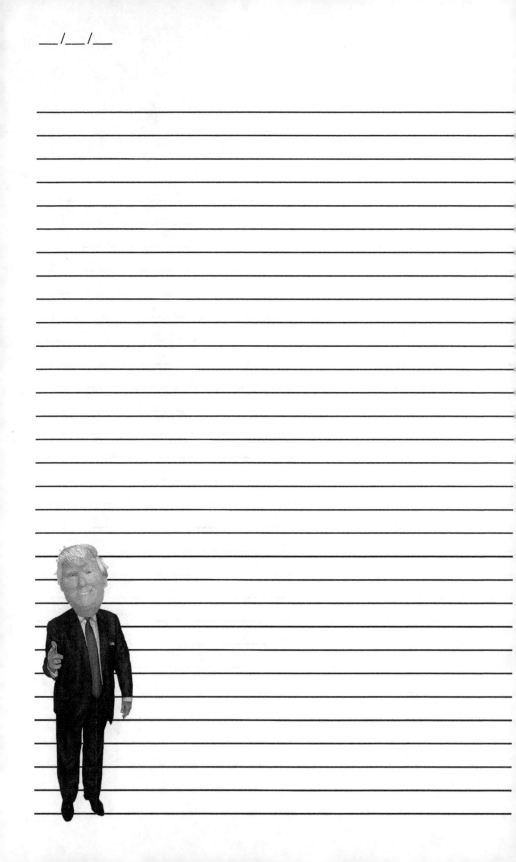

__ / __ / __

__ / __ / __

___ / ___ / ___

___ / ___ / ___

__ / __ / __

___ / ___ / ___

___ / ___ / ___

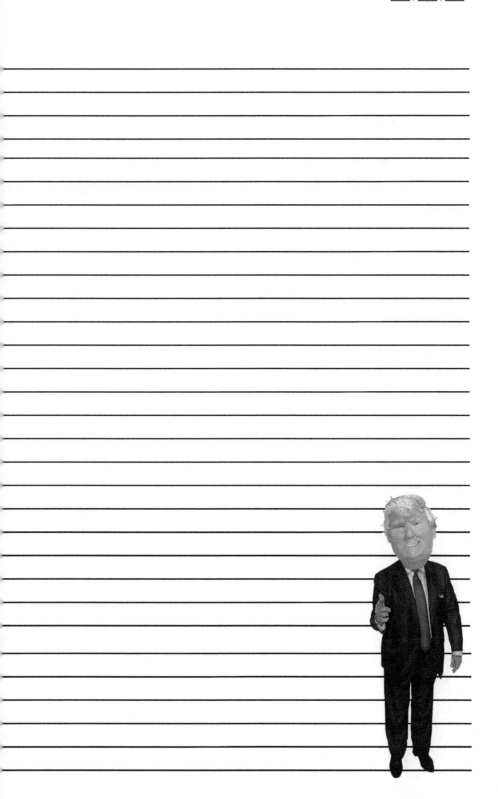

___ / ___ / ___

__ / __ / __

___ / ___ / ___

__ / __ / __

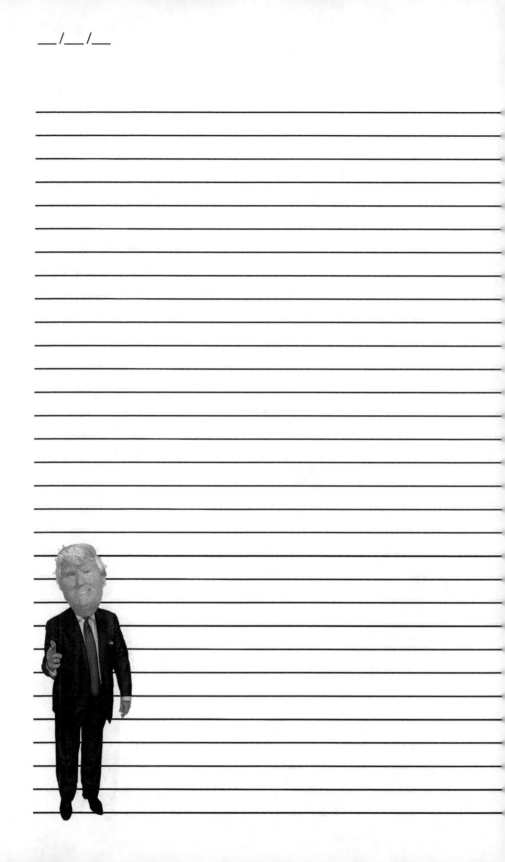

___ / ___ / ___

___ / ___ / ___

___ / ___ / ___

___ / ___ / ___

___ / ___ / ___

___ / ___ / ___

___ / ___ / ___

__ / __ / __

___ / ___ / ___

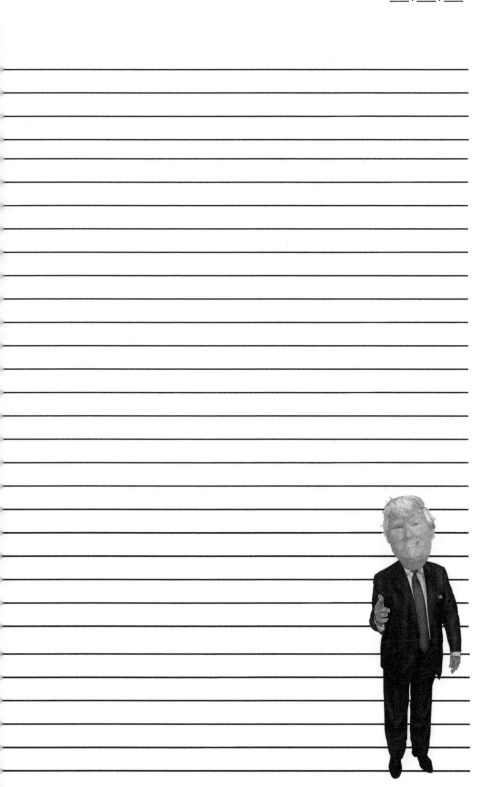

___ / ___ / ___

___/___/___

__ / __ / __

___ / ___ / ___

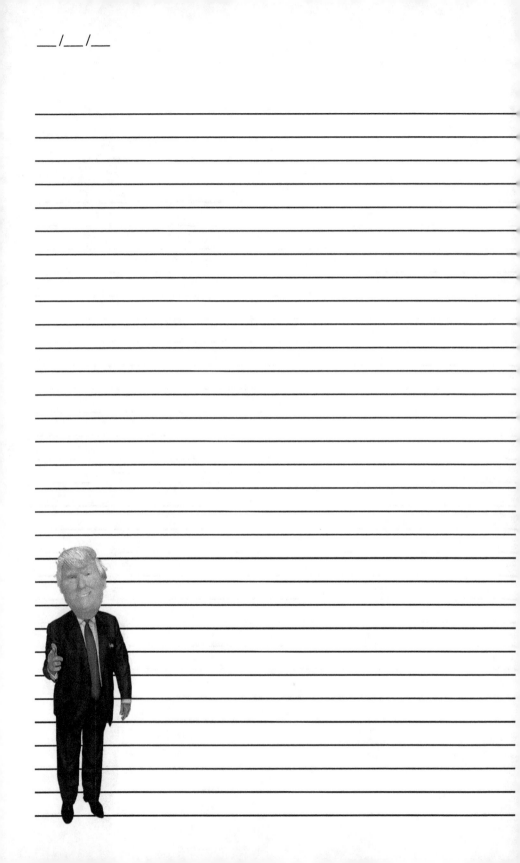

___ / ___ / ___

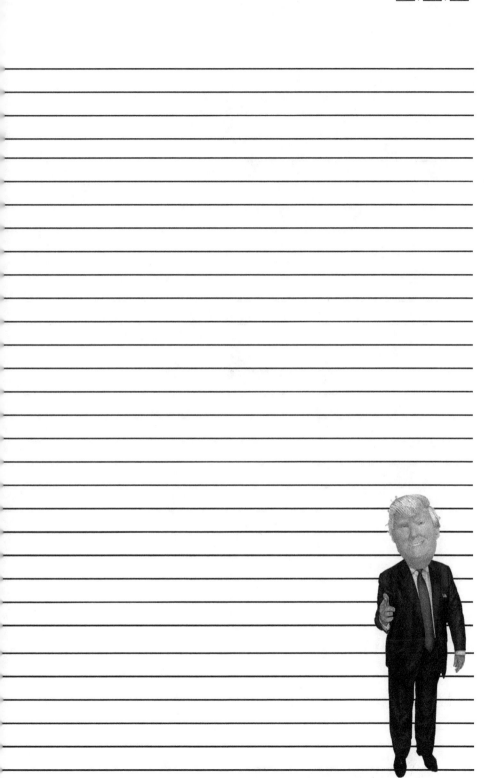

__ / __ / __

___ / ___ / ___

__ / __ / __

___ / ___ / ___

___/___/___

___ / ___ / ___

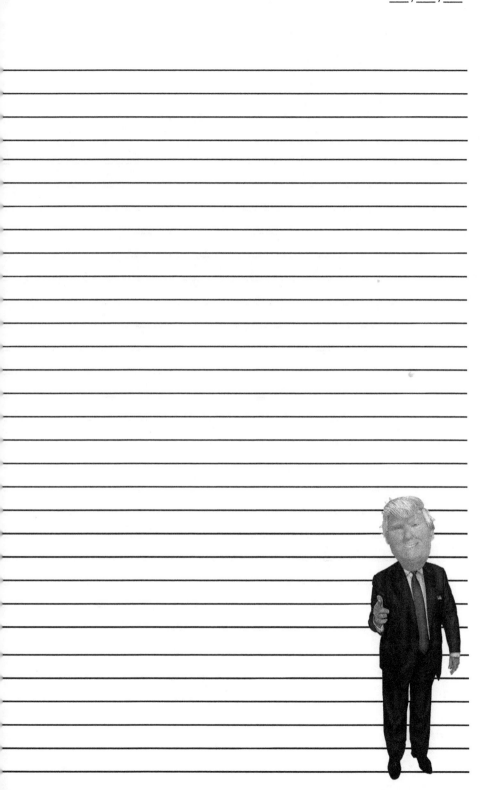

__ / __ / __

__ / __ / __

___ / ___ / ___

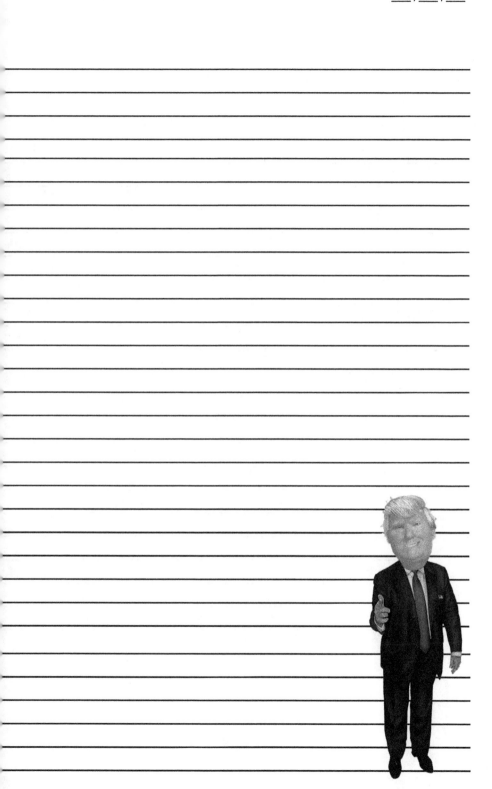

___ / ___ / ___

__ / __ / __

___/___/___

___ / ___ / ___

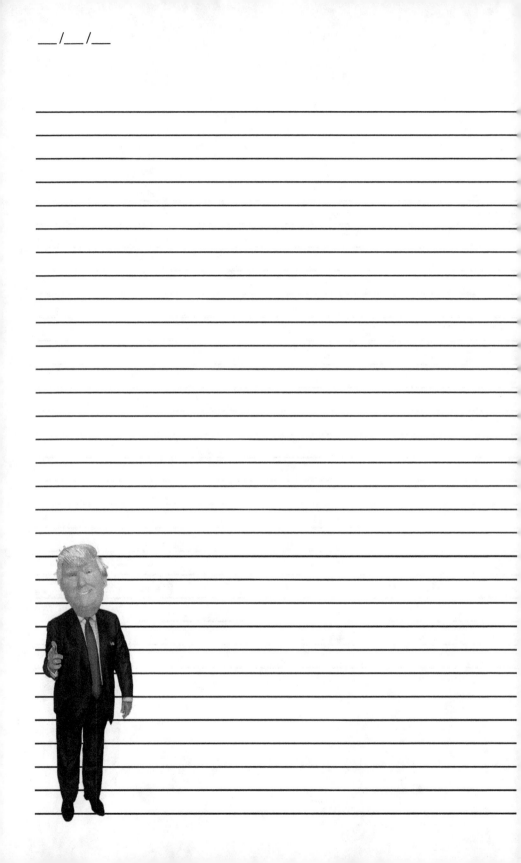

__ / __ / __

___/___/___

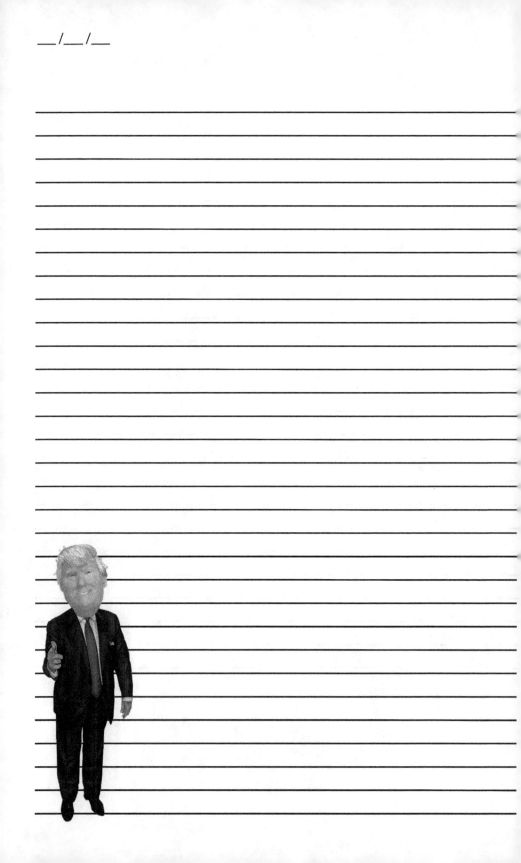

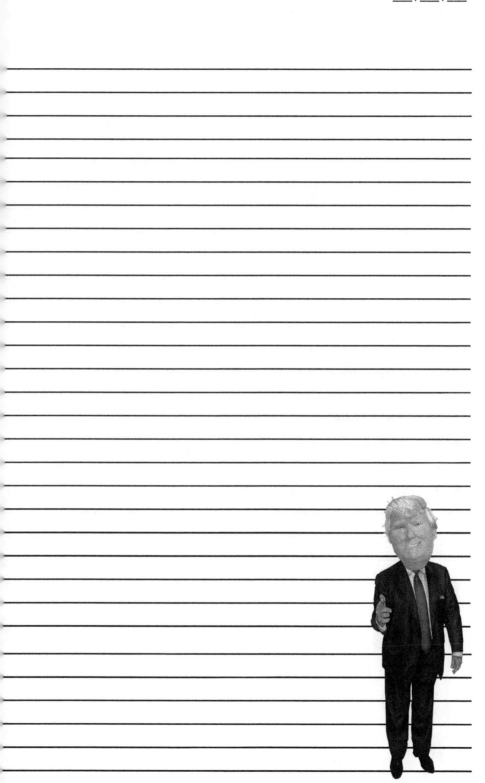

___ / ___ / ___

__ / __ / __

___ / ___ / ___

___ / ___ / ___

___ / ___ / ___

__ / __ / __

__ / __ / __

___ / ___ / ___

___/___/___

___ / ___ / ___

CPSIA information can be obtained
at www.ICGtesting.com
Printed in the USA
FSHW022000190919
62205FS